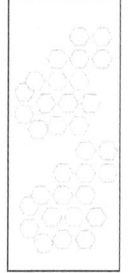

2013

NARRARE È POSSIBILE

Riflessioni e suggerimenti

di

Maria Serena Peterlin

2013

Collezione Notecellulari

Narrazioni

di Maria Serena Peterlin

2013

Prima edizione

Roma – Febbraio 2013
© 2011 by Maria Serena Peterlin
disegno in copertina di Maria Lazzaro

http://notecellulari.wordpress.com
la proprietà dell'opera è dell'Autrice
per eventuali contatti scrivere via email
info: serena.peterlin@gmail.com

*Dedico a Giovanni,
il mio nipotino che compie due anni
il 27 gennaio 2013,
questo piccolo libro
al quale lui ha,
inconsapevolmente, contribuito.*

1. La narrazione detta in modo semplice

Racconto qui alcune mie riflessioni personali e il risultato dell'elaborazione di esperienze in ambito narrativo.

L'intento è quello di suggerire di riprendere a narrare perché tutti siamo in grado di dire e molti anche scrivere narrazioni. Nella consapevolezza dello smarrimento che attraversiamo in questi nostri anni è utile ricordare che la trasmissione dell'esperienza permette non solo di recuperare, ma anche di scambiare e far crescere, in chi narra e in chi sa ascoltare idee, sentimenti, qualità, visioni e speranza di progetto. Non rinneghiamo le vecchie narrazioni e i loro protagonisti, e nemmeno i cantori dei miti e gli eroi e gli esempi di valori e virtù del passato; possiamo invece cercare e trovare l'anello di congiunzione mancante, essenziale e necessario a collegare il passato col presente, a far rinascere il dialogo tra le generazioni e le diverse componenti della società. Se, infatti, il dialogo è dono reciproco allora da esso può rinascere la costruzione di un bene comune e proprio le suggestioni e il fascino della narrazione possono contribuire a realizzarlo.

Ci sono certamente ostacoli; alla costruzione, ad esempio, si oppone l'individualismo ed alzano barriere l'indifferenza e il discrimine classista del profitto.

Aprendoci alla narrazione tentiamo neutralizzare il principale ostacolo: quello dell'indifferenza. Questo stesso testo non è un saggio scientifico, ma è, o vorrebbe essere, quasi una narrazione.

Raccontare è spesso rammentare e rammentare è un po' come rammendare. Rammendiamo pensieri, ricordi, sensazioni, ne facciamo qualcosa di nuovo che possiamo mostrare e donare. Nel raccontare e rammentare non solo rammendiamo, ma cuciamo e quindi fabbrichiamo nuove intuizioni, storie, immagini. A volte tessiamo e intrecciamo insieme ad altri, altre volte fissiamo le nostre parole in immagini.

Un nuovo racconto può nascere così e in tanti altri modi.

Si narra scrivendo, ma anche parlando. Nel parlare la comunicazione è immediata e, come noto, supportata da tanti elementi di espressività che mettono gli interlocutori in relazione tra loro. Per apprezzare la narrazione scritta occorre che l'autore, ma a volte anche il lettore, possiedano alcune abilità più complesse.

La proposta di questo scritto è di interrelare e congiungere gli arcipelaghi dei nostri pensieri ed esperienze attraverso la narrazione perché narrare, anche scrivendo, è possibile.

Ad esempio

Parole in gioco e allo specchio

Scrivere è dare un senso alle parole
giocando a "io sono il re e tu sei il cavallo",
fingendosi un eroe, un navigatore
un principe, un serpente oppure un gallo.

Scrivere è immaginare di capire
che il recto e il verso sono disuguali
e ancora è aver voglia di scoprire
la fine, sempre prima dei finali.

Immaginando con le tue parole
componi frasi come note in fila:
trovane i suoni e troverai anche il senso
non uno o due ma centottantamila.

Scrivere è dare un senso alle parole:
è come cercar ombre nello specchio,
rivoltarle e piegarle da ogni lato
bagnandole di lacrime e di pioggia.

E' poi asciugarle con polvere solare

per scoprire le tracce che hai nel cuore,
e trovi gli echi che non ricordavi
e trovi somiglianze, non paure.

Le togli dalle labbra e, sulla carta,
riscopri il suono delle più dimesse.

Immagina e vedrai, camere oscure
dove il colore audaci scherzi gioca.

Scrivi parole, senza aver paura.

2. Raccontare - narrare

Penso che alla nostra natura umana sia necessario raccontare e mi incanta l'immaginare che si inizi spontaneamente a farlo ancora prima di saper parlare e che, le prime volte, si racconti a se stessi attraverso una trasmissione di sensazioni appena percepite.

Proviamo a ricordare noi stessi piccolissimi, appena nati o prima ancora di nascere. Proviamo a ripensare a quelle che potevano essere le indefinite percezioni native colte a quel tempo dal nostro organismo: il movimento, l'ondeggiare nel liquido amniotico, la sensazione emozionante di cadere che conserviamo per sempre e proviamo spesso prima di addormentarci, o ricreiamo nei giochi infantili. Proviamo a pensare ad ogni messaggio trasmesso, allora, ai sensi che si stavano formando e che solo in seguito sarebbero giunti a uno stato di più completo funzionamento.

Come si convive con queste e tante altre nostre emozioni se non sistemandole in una narrazione rassicurante o inquietante?

Come si forma la conoscenza se non attraverso l'indagine, la ricerca, l'esperienza e la trasmissione del sapere? E la trasmissione non può essere forse essa stessa una narrazione?

Perché l'essere umano pur piccolissimo, eppure tutto perfettamente organizzato affinché compia, stadio per stadio, la sua evoluzione, non dovrebbe cercare di trattenere quelle esperienze prime o primordiali e perché non potrebbe, forse inconsapevolmente, percepire che, a volte, si stanno ripetendo o stanno mutando?

E come reagirebbe se non sistemandole nella sua memoria, catalogandole nelle sue percezioni, nei segni e nelle tracce del suo cammino verso la conoscenza?

Per questi motivi io penso che si inizi a nascere e contemporaneamente a narrare, da subito, non appena il cervello riceve barlumi di segnali e poi si continui in maniera via via più consapevole, a se stessi. Quando acquisiamo la parola inizia un'altra avventura ben diversa e apparentemente più libera.

Non scegliamo noi la lingua che apprenderemo (o che ci insegneranno), né l'ambiente socio-affettivo e culturale che ce la trasmetterà. Tuttavia impariamo, ciascuno con il nostro tempo, perché ci è necessario. Prima ancora di saper ripetere le parole che ci sono rivolte ne apprendiamo il suono e il significato. Iniziamo a temerle e a gioirne, a riderne o a provarne paura; spesso il senso è suggerito dal suono, dalla mimica e dal gesto che l'accompagna.

Un bambino che non sappia ancora scrivere, ad esempio, traccia disegni e racconta con quelli.

Tutto: timore, gioia, riso, fantasie suggerite insieme a tante altre sensazioni non ce lo diciamo forse anche dentro? Non ce lo raccontiamo e ripetiamo? Potremmo forse farne a meno? Quando impariamo finalmente un numero sufficiente di vocaboli e ne conosciamo il significato allora gioiosamente vorremmo dirli per essere ascoltati e narrare tutto quello che abbiamo dentro. Essere ascoltati ci piace.

Ad esempio

Le parole tra noi, per sempre

Papà, mi leggi?
E lui prendeva il libro dallo scaffale, accendeva la lampada e la
posizionava in modo che la luce battesse sulle pagine e non
sui miei occhi, si sedeva accanto a me e leggeva. Di solito
accadeva la sera. Anche mamma mi leggeva. Entrambi
amavano la lettura e il rito del libro illustrato, adatto ai
bambini, regalato a Natale o acquistato per qualche occasione,
e sempre letto con cura. Letto, riletto, imparato a memoria
qualche volta.
Soffrivo di mal di testa anche da ragazzina e i medici,
trovandomi sana, ne davano la colpa allo sforzo per leggere.
Così erano frequenti le visite dall'oculista che mi prescriveva
le gocce di atropina da mettere prima della visita e che
lasciavano la pupilla dilatata anche per un paio di giorni.
In quelle occasioni mi leggevano loro anche se ero abbastanza
grande da leggere da sola.
La tenerezza di quei gesti mi è rimasta nel cuore, è un tesoro
inestimabile che porto con me e che riaffiora forse troppo di
rado.

Dedicare il tempo ai bambini significa anche lasciare tracce e solchi fondamentali. E mai ho usato con più consapevolezza queste parole.

Tracce e solchi fondamentali.

Tracce impresse per sempre con le parole, le immagini suscitate, le suggestioni che la voce di mamma e papà che "mi" leggevano e suscitavano mente loro intenzionalmente interpretavano il testo per me e gli davano vita e colore.

Solchi fondamentali: solchi per seminare, per impiantare nuova vita; solchi come fondamenta per le costruzioni del futuro, di visioni, di sentimenti, di modi di sentire.

Quei libri erano belli, emozionanti, divertenti. Non me li sono dimenticati.Ho letto anche io per le mie figlie, per i miei nipotini. Forse non se ne dimenticheranno nemmeno loro. Forse per questo ho messo nelle tasche del mio papà che se ne andava via per sempre una lettera.

Parole avute, parole restituite per sempre.

Leggiamo dunque parole ai bambini. Bambini, genitori di bambini, ascoltate chi ha vissuto prima di noi, leggete insieme i doni della narrativa, dei grandi narratori.

Ascoltateli dalla voce dei vostri cari.

Viveteli insieme, dureranno per sempre superando le miserie nostre e altrui; andranno ben oltre la precarietà del nostro presente.

3. Danni dell'educazione

Proprio in questa fase meravigliosamente piena di potenziale narrativo in cui la nostra anima bambina è ancora nativamente intatta iniziamo a ricevere istruzioni: *si dice – non si dice*, si parla quando si ha il permesso, è meglio dire cose che piacciano e non quelle che danno dispiacere agli altri. Insomma, ammettiamolo, si subisce: una sorta violenza, applicata *a fin di bene*, come si usa dire, che rappresenta una costrizione un po' mortificante. Di fatto, dunque, mutiamo e in questo mutare inizia un processo in cui non apprendiamo abbastanza liberamente da conservare quello che già sapevamo.

A volte sospendiamo del tutto il narrare e il raccontare per iniziare ad esprimerci ma per *parlare e dire*, non a *raccontare* e o *narrare* e questa per l'appunto, non è la *nostra* narrazione. Né lo sarà mai più. Ovviamente si vive e si può avere ugualmente successo nella vita; le convenzioni sociali non ci chiedono, infatti, di esprimerci con naturalezza e spontaneità su noi stessi o su come leggiamo ciò che ci circonda. Nella vita sociale e civile ci si chiede di essere integrati e piacevoli, non necessariamente sinceri. Non è troppo difficile adattarsi crescendo; si subisce però una specie di *mutilazione o potatura* che mascheriamo in modo soddisfacente. Solo alcuni conservano la primitiva e spontanea dote narrativa senza esserne completamente modificati. Sono coloro che illuminati dal dono dell'arte attirano a sé e, a volte, si fanno amare perché si esprimono in musica, in poesia, in letteratura, nelle arti figurative, con la mimica e in molte altre forme possibili ricavando per se stessi, o meglio recuperando, uno spazio di libertà espressiva che difficilmente riesce ad essere intero, ma è prezioso e trasmette gioia agli altri. Oggi abbiamo tuttavia qualche difficoltà a riconoscere i narratori veri. Sono state inventate e diffuse tecniche di comunicazione omologate e compulsive in cui contano molto non solo la gestualità e l'immagine, ma l'affabulazione persuadente e soprattutto la velocità che prende in controtempo e l'impatto che colpisce. Comunicare in modo efficace è certamente una tecnica legittima e necessaria; ma è il caso di tener presente che comunicare non è necessariamente narrare né raccontare. Sarebbe una bella cosa, invece, se almeno chi persiste nel voler narrare o raccontare mettesse a nudo svelando anche come nasce la sua ispirazione, il proprio modo di vedere ogni essere che lo circonda e che li rappresentasse con candore infantile.

Il recupero della nostra anima bambina, che abbiamo fatto tacere con l'educazione alla socialità e con l'istruzione, avrebbe in tal modo la possibilità di esprimersi. Sarebbe come riuscire a scomporre l'unica luce bianca, a cui siamo esposti forzatamente, per veder riapparire, come attraverso un grande prisma di cristallo, tutti i meravigliosi colori che la compongono e potremmo aver dimenticato. Come potremmo, allora, farne ancora a meno?

4. À *rebours*, verso i pensieri dell'anima bambina

Perché è tanto difficile narrare scrivendo e scrivere bene?

Il narratore, prima ancora di scrivere traducendo i suoi pensieri in parola racconta a se stesso quando fa silenzio del clamore che sommerge e confonde il pensiero e si ascolta. Possiamo provare anche noi. Accade quando ci si guarda dentro senza remore cercando quello che siamo, come dire, *vuoto per pieno*. e vogliamo capire anche quello che non siamo o ci interroghiamo su come dovremmo o avremmo potuto essere.

Facciamo un passo indietro e torniamo ai pensieri nativi dell'anima che vuole capire, che scruta, che individua i rapporti. E' allora che nascono i primi dubbi su come siamo, su come ci sentiamo e su come gli altri ci vogliono. Il bambino assorbe, cerca di individuare una strategia di esistenza/resistenza al mondo esterno. Molto presto gli arrivano i no e i sì dei genitori, lui li coglie anche solo quando li vede sorridere o disapprovare con l'espressione del viso. Ma il piccolo ha bisogno, per vivere, soprattutto essere accettato ed amato quindi inizia a ritagliare da sé quei contorni e sbavature che teme possano non farlo amare abbastanza. Per riuscirci immagazzina i messaggi esterni, dà forma ad un'idea di sé che ritiene apprezzabile ed approvata dai suoi, prende quella forma e la sovrappone a come si percepisce. Ragiona e si racconta quell'esperienza. Tagliare il troppo e colmare il poco non è facile e può essere anche doloroso.

Allora si aiuta, rassicura e consola raccontandosi quanto amore in più potrà ricevere, quanti sorrisi e quanti sì potrà ottenere, quali aspettative in sarà capace di colmare. Rassicurato da questo inizia a limare e ritagliare dicendosi piano piano: *non si dice, non si fa, non si deve nemmeno pensare*; e probabilmente non lo racconterà più.

5. Il timore di scrivere

Perché esitiamo a scrivere, lo si trova noioso e spesso non si pensa che non si saprebbe scrivere bene?

La risposta non potrebbe forse trovarsi nell'aver subìto l'inibizione ad esprimerci, nel fatto che a scuola il tema è un supplizio e la composizione scritta una sciagurata prova di verifica che viene seconda solo al compito di matematica o alla traduzione di latino?

Gli alunni, resi edotti dall'esperienza in famiglia, sanno da subito che l'adulto può approvare o disapprovare e comprendono al volo che a scuola tutto si tramuta in giudizio o si decodifica con un voto che a sua volta meriterà gratifiche o reprimende famigliari.

Non è una bella prospettiva.

Non è nemmeno una sfida generosa.

Tantomeno è corretto chiedere a chi scrive di riferire o di dire opinioni e pensieri personali mentre l'ombra della matita rossa-blu incombe sul foglio.

Le correzioni più frequentemente applicate sono assertive e giudicano negativamente un componimento perché *poco personale, generico, non fornisce una rielaborazione personale*; la traccia aveva intimato "Io studente dica ..." oppure "Come giudichi? Come valuti? Esprimi le tue considerazioni su..."

Già, la traccia.

La tagliola è tesa, aspetta e la sua molla si chiuderà con un secco scatto sulle incaute parole; più o meno le stesse che le ragazze e i ragazzi, pur odiando fare il tema, non perdono occasione per scrivere altrove: non solo nel diario o con gli sms, ma pubblicandole nei loro blog e nei social network, nei social forum. Scrivono poesie, coniano slogan, lanciano nella lingua viva e vissuta modi di dire che diventano di uso comune o addirittura titoli di film o di romanzi. Insomma loro dicono, parlando e scrivendo, ciò che sono, sentono, provano, sognano; esprimono i loro sentimenti, le rabbie, le ansie, i desideri ed amano le loro parole.

Il compito scritto ossia il tema è imposto dall'insegnante che sembra avere già in testa tutto: quello che vuole sentirsi dire, il modo in cui deve esser detto, il tono con cui pretende sia espresso.

Un ragazzo è polemico e diretto? Errore! Deve essere moderato ed equilibrato. Una ragazza è esplicita e sincera? Errore! Deve esprimersi senza esagerare. Ragazzi e ragazze pretendono di dire quello che pensano davvero? Altro errore: devono esprimersi in modo non fazioso e corretto, essere in sintonia con quello che c'è nel cervello dell'insegnante ed omologarsi.

E siccome la loro spontaneità non si piega al compromesso, allora odiano il tema. E continueranno per tutta la vita a sentirsi a disagio se devono scrivere qualcosa che esca dalla loro cerchia fidata. Come dargli torto? Forse la nemesi li potrebbe liberare, magari proprio quella di diventare, a loro volta insegnanti? Meglio non pensare alle conseguenze.

Non è così sempre; la buona scuola sa attendere ed ascoltare non solo i tempi e le aperture ma anche le parole dei ragazzi. E qualche bravo insegnante sa anche giocare, parlare e raccontare aiutando i ragazzi anche a conoscere se stessi e a recuperare la voce dell'anima bambina.

6. *Quando amor mi spira noto*

Prima di iniziare a raccontare il narratore non ha necessariamente e sempre tutta una storia in mente. Sappiamo che si scrive per tanti motivi, ma il narratore tende a interpretare e a sistemare, prima nella sua mente e poi in parole rivolte agli altri, le realtà che incontra o le sensazioni che la vita ha suscitato in lui. Altre volte è colpito da una singola immagine, da un suono oppure raccoglie un ricordo lieve o forte, e ne sente un legame così potente col presente che lo rappresenta scrivendolo. Chi scrive percepisce dentro di sé un segnale, a volte forse confuso, ed inizia a dipanare il filo principale, a distinguere colori e sfumature ed a disegnare forme e figure. Può anche accadere che quel segnale o quel filo rimangano come imprigionati nella mente a lungo e che i pensieri non diventino parole, né le parole inseguano i pensieri. Bisognerebbe favorire l'incontro delle parole e dei pensieri sul terreno bianco della pagina in modo che potessero crescere parlando a se stessi ed agli altri esprimendosi liberamente senza imitazione di tecniche narrative che hanno già i loro ambiti e spazi; del resto non tutti i narratori lo sono di professione o sentono l'esigenza di applicare schemi.

Molte definizioni di grammatica e codificazioni linguistiche sono state coniate sulla scrittura e formalizzate sui generi narrativi, per tacere delle classificazioni, tecnicamente utili, a volte spasmodicamente amate da eccellenti insegnanti, ma illusorie ai fini di incentivare la passione per lettura, l'emozione, la condivisione. Esistono tecniche che descrivono i testi, ma non accostano al linguaggio dell'autore né alla sua poetica. Può accadere che le più stringenti analisi del testo ci portino ad immaginare un romanzo (o una poesia, una scrittura espressiva, ma anche una musica o un'opera d'arte figurativa) come una grigliata da preparare al barbecue, mentre l'arte narrativa può essere un mondo che ci chiama, che vuole esser conosciuto da noi o che noi vogliamo conoscere.

Non sarebbe dunque più semplice leggere l'autore che narra, anche per noi, una storia, una musica o una poesia che possiamo accogliere per cercare di raggiungere ciò che egli ha sentito *dettarsi dentro* e va traducendo in narrazione?

7. Narrazioni tra ispirazione, strutture e leggibilità

Ipotizziamo nel campo della narrazione, due generi di scrittura: quella dello scrittore *architetto* e quella del *narratore*.

Quali sono le differenze?

Ad esempio per uno scrittore architetto viene prima il progetto.

Per un narratore, letterato o no che sia, scrivere significa partire dal messaggio, le idee o i sentimenti.

Il primo ha, infatti, tesi e finalità diverse dal secondo.

E soprattutto il primo sceglie la scrittura, il secondo non può fare a meno di essa, o meglio *ne è scelto*.

Uno scrittore architetto, dunque, stende un suo piano o progetto, prevede gli equilibri tra tempo, spazio, personaggi principali e secondari e così via e li mantiene fino alla fine nonostante qualche modifica.

La struttura, riconoscibile o meno, appare utile ad evitare che ci trovi di fronte ad una scrittura labirintica e al naufragio del patto narrativo. Eppure non è da escludere la possibilità, se tentassimo e rompessimo lo schema, di ricavarne qualche opportunità e scoprire nuove strade.

Quella struttura, pur necessaria, non dovrebbe essere *percepita* dal lettore, altrimenti quest'ultimo si troverebbe nella condizione di chi, indossando un abito, ne senta sulla pelle tutte le cuciture, le imbastiture delle fodere, le attaccature dei bottoni e non avesse la possibilità di goderne la vestibilità, l'effetto dei colori o le linee che si adattano al suo corpo.

Il narratore, invece, lascia prevalere idee e sentimenti ed allora il lettore se ne avvolge come in un vestito per il corpo o in un sogno per la mente.

Il narratore possiede una tecnica raffinata e sapiente, ma non la soppesa ad ogni rigo per valutarne gli effetti.

Lo scrittore di professione sì.

Ecco perché l'esasperazione di mestiere di *editor* se malinteso o ossessivamente praticato, rischia di far venir meno la letteratura nel nome di una opinabile *leggibilità*.

Non esiste, tuttavia, solo il problema della struttura, c'è anche quello della lingua, della facilità della comprensione, dell'impatto col lettore che, oggi, non si vuole sia indotto o costretto a pensar troppo, ma deve essere attratto, solleticato e indotto a consumare libri come qualsiasi altro prodotto.

Non sono molti, nemmeno tra i moderni, i grandi scrittori di *facile consumo*, ma quanto contano oggi, anche per l'editoria, la qualità o il genio se il testo dev'esser, in primo luogo, semplificato e impattante? Pensiamo, ad esempio agli effetti del lavoro del curatore editoriale, del riscrittore, del ghostwriter o di chi fa il maquillage ai testi di qualche vip o star in vena di autobiografia, o addirittura scrive al suo posto.

Consideriamo viceversa la vera scrittura; come sarebbero accolti autori come Joyce o Gadda posto che un editore si fosse compiaciuto di pubblicarli? O sarebbe stato riscritto lo *scriver male* del bilingue Aron Hector Schmitz, proveniente da studi commerciali, alias Italo Svevo?

Non fu semplice nemmeno allora e molti grandi autori hanno esordito stampando a proprie spese, dunque una domanda è lecita: oggi un grande gruppo editoriale pubblicherebbe autori se li considerasse poco adatti al *consumo* ?

8. Narrazione ed emozioni

Premessa: *Una discussione sullo scopo dell'arte ci porterebbe lontano e fuori tema. È evidente che la narrazione anche se non sempre si propone d'essere espressione del genio artistico a volte ha a che fare con l'arte.*

Semplificare potrebbe essere utile perché il concetto di arte oggi si è talmente elasticizzato, plastificato ed esteso che potremmo paradossalmente affermare che, inteso nel senso classico, non esiste più o non è più praticato. La grande quantità di forme espressive, la possibilità di usare tecniche informatiche semplici nell'uso ma sofisticate nell'effetto, la semplificazione e la massificazione culturale nella quale siamo immersi hanno reso, insieme ad altri fattori, molto inflazionati e spendibili i termini arte ed artista.

Ad esempio in campo figurativo si distingue, almeno nel nome dell'unicità dell'opera, tra *artista* e *designer* o tra *arte e moda*. Con disinvoltura, almeno nel linguaggio corrente, si attribuisce qualità artistica a molte forme espressive o di comunicazione. Dalla grafica dello schermo del cellulare ad una performance in un talent show, da un evento sportivo ad un festival canoro o cinematografico fino alle espressioni, il più delle volte dilettantistiche, della aereosol-art o della moda e così via, possiamo osservare l'arrembaggio di stupori e tremiti emozionali decisamente intriganti, quando non invadenti o sovrabbondanti, e comunque sorprendenti; un ingrandimento fotografico o il suo inverso, una miniaturizzazione, bastano a suscitare le esclamazioni iperboliche del tipo: "È un capolavoro!" oppure: "È geniale!"

Non sarebbe forse legittimo chiedere "capolavoro o genio in che senso?"

Ma forse è preferibile e non concedersi a questa provocazione. Sarà più utile prendere atto che lo stupore e la suggestione, il fascino o la sollecitazione suscitati dai messaggi che combinano efficacemente immagini, suono ed effetti speciali hanno spesso un impatto tanto immediato e coinvolgente da sostituire quelli della narrazione tradizionale.

I narratori che hanno tradotto in parole le loro immaginazioni e fantasie o raccolto i racconti della tradizione e dei miti arcaici ci hanno trasmesso, per sempre, un sentire ed un credere che i loro contemporanei o i lettori distribuiti nei secoli successivi, hanno amato a loro volta ascoltare e ripetere, leggere ed interpretare. Oltre alle narrazioni di divinità, miti ed eroi e a quella delle fiabe e leggende popolari si era così creata una lunga tradizione del raccontare che va dalla favola al romanzo o al racconto in versi e che ci fornisce un esteso elenco di esempi di racconti. Quelle narrazioni, codificate, formalizzate e condivise hanno depositato un sostrato fertile, dato luogo ad una prestigiosa tradizione e non hanno impedito che ne vivessero altre, parallele, forse minori e meno note, costituite dalla trasmissione narrativa memoriale e famigliare fatta non solo dal popolare "il nonno raccontava che...", ma anche e soprattutto dalla trasmissione di idee e di tradizioni, di sentire e di sentimenti che connotavano, e connotano a volte ancora, una realtà sociale, fortunatamente non globalizzabile, che possiamo definire "identità" di un gruppo famigliare, di paese, di quartiere, di regione ecc o anche semplicemente di genere come quelle più tipicamente *maschili*, nate anche da commenti sulle cronache politiche o sportive, sui problemi del lavoro e così via, e quelle *femminili* con storie di affetti ed esperienze sociali, famigliari e della condizione femminile. A volte parallele,coincidenti, altre volte integrate tra loro, quelle storie hanno arricchito la nostra vita, sono state trasmesse attraverso le generazioni fino almeno agli ultimi decenni di fine Novecento.

Storie di donne, discorsi da uomini.

9. I nostri vecchi, depositi di memorie

Ad esempio.

Nella grande casa di mio nonno Carlo, nel paese di Noventa Vicentina, c'era una bella radio troneggiante su un tavolino posto in un angolo nella stanza da pranzo. Accanto alla radio c'era il mio tesoro prediletto: un'alta pila di vecchie copie della "Domenica del Corriere" da cui attingevo letture interminate e suggestioni inesauribili che riprendevo anno dopo anno nell'occasione delle visite ai nonni. Quando ero immersa in quelle letture speravo non essere mai interrotta, che non mi chiamassero per uscire in visita ai parenti (prassi inevitabile durante quei rari viaggi nel Veneto dove facevamo sosta nella casa dei nonni) per poter continuare a leggere cronache, storie, articoli guarniti da vigorose illustrazioni, disegni e figure. Per me bambina non aveva importanza distinguere tra una vicenda fantastica, reale o storica e ciò che un giornale mi narrava; per me quelle erano storie in cui Coppi e Bartali, il presidente Eisenhower e Marilyn Monroe, Stalin e Soraya o il generale De Gaulle erano semplicemente personaggi interessanti né più né meno come quelli di racconti e romanzi per ragazzi di cui pure ero affamata lettrice. Leggere di loro, e chiederne poi ai famigliari, mi trasmetteva esperienza.

C'erano poi anche i racconti dei nonni, non le favole, ma le rievocazioni, a volte brevissime o fulminate da battute caustiche, piuttosto frequenti ed apprezzate nella nostra famiglia, di avvenimenti famigliari, episodi accaduti in tempo di guerra, scherzi tramandati per anni oppure i commenti sulla vita quotidiana:-

- Gheto visto? gaveo sentìo? -

C'erano inoltre i proverbi, autentiche mini-narrazioni e sentenze emanate per ogni occasione, e poi il gusto del vicendevole ripetere, quasi ciclicamente, i ricordi e le battute dedicate, per tradizione, a qualche membro della famiglia, c'erano le avventure di avoli e bisavoli singolari o distintisi per qualche particolare impresa: il trisnonno garibaldino, il prozio pittore, lo zio missionario. Insomma noi ragazzini ci imbevevamo ascoltando, muti e conquistati, in un continuo avvolgente flusso narrativo anche perché:

- Tasi ti! che ti xe picolo! -

Era il burbero-affettuoso ammonimento largamente dispensato, all'epoca tanto al bambino quanto all'adolescente, e da noi serenamente accettato. Ci sarebbe stato tempo, pensavamo, per un pensiero autonomo da grandi, potevamo attendere. Un po' di dispetto nasceva invece quando l'argomento era considerato scabroso o inadatto e quindi si era allontanati senza troppe cerimonie:

- Tosi, andè fora dai piè! -

E non c'era verso di saper quale stuzzicante piega avesse preso la conversazione che si faceva ricca di echi di risate, colte in lontananza.

Quei grandi, quei vecchi ne sapevano di cose, ne sapevano più di noi; nessuno ci aveva ancora instillato quel senso d'impaziente prevaricazione, di insofferenza verso la presunta inutilità del passato che provano, oggi, i più giovani quando qualcuno parla con loro. Nessuno aveva sostituito l'a volte quieto a volte animato raccontar fatti, accadimenti, storie di persone. A me piaceva ascoltare mentre sedevo silenziosa tra il profumo dei cibi in cottura e l'odore del fumo delle sigarette del nonno e degli zii, nelle stanze che si facevano sempre più dense di sensazioni e suggestioni, tra quadri di famiglia e almanacchi posati su un tavolo coperto da un tappeto che sembrava un arazzo, mentre qualcuno rigovernava silenziosamente ma senza mai togliere il bicchiere dal posto del nonno che beveva poco, ma centellinava e decideva, lui solo, quando si poteva finire di sparecchiare.

Negli ultimi decenni il tempo per quel tipo di narrazione famigliare sembra scomparso; si va per grandi e veloci schemi comunicativi di grande impatto, spesso superficiali, mutuati dai media, i bambini di oggi sono figli di genitori che hanno sempre fretta, hanno ascoltato poco e ancor meno parlano e non c'è nemmeno bisogno di dire perché: un costume diffuso che non ha senso deplorare, ma dovremmo cercare di decifrare. E varrebbe anche la pena di capire se abbiamo rinunciato volontariamente o quelle narrazioni sono state fatte sparire, e perché.

10. La narrazione interpersonale è finita?

O parlo io o parli tu
Mi lasci parlare?
Mi alzo e me ne vado!
Io non ho interrotto e non voglio essere interrotto

Ridicoli e volgari urlano nei set televisivi e noi li lasciamo entrare nelle nostre case mentre sbraitano le loro cosiddette opinioni.

Nelle nostre case-scatole ciascun membro di quel che rimane della famiglia ha il suo schermo personale (tv, pc, tablet, smartphone o nintendo che sia), da quello spesso urlano o sogghignano personaggi sussiegosi, ma spesso grossolani e portatori di certezze non argomentate come se *opinione* e *verità* fossero equivalenti.

Altre volte l'attenzione è assorbita da videogames che attraggono e assorbono, per ore ed ore, ogni attenzione ed emozione isolando il giocatore.

Sempre più spesso il convenire o il dissentire tra le persone non scaturisce dal confronto dialettico e argomentativo, dallo scambio e dal confronto di pensieri ed idee, ma si misura sull'adesione o meno ad un'opinione; un po' come accade, ammettiamolo, per le cosiddette fedi calcistiche o sportive. Il sentirsi parte di un'aggregazione non significa essere curiosi di conoscere quello che gli altri pensano, ma legarsi ed associarsi ad un consenso comune che non richieda troppo uso della facoltà critica.

I media, dal canto loro, hanno imposto, con la violenza della saturazione passivizzante, il linguaggio tanto che anche nei rapporti più personali si replicano i modelli e quando si racconta se ne imitano ragionamenti, argomenti e schemi comunicativi.

È vero, la narrazione è altra cosa, i sentimenti, ovviamente, sono vivi, ma che ne è stato invece della disponibilità del tempo quotidiano, dei luoghi e delle modalità, del tipo di relazione quotidiana che si instaura tra le persone, i gruppi sociali, i membri di molti nuclei famigliari? È pensabile che, nella comune quotidianità, si possa avere tempo e disponibilità per *narrare* rimanendo al largo di una riproduzione dello schema impostato dai media?

Il grande media prevalente, la tv, trasmette già il come, il modo, il senso e il contenuto di tutto, e accade che sempre meno ci si costruisca un bagaglio di conoscenze partendo dall'esperienza e dalla narrazione dei familiari più grandi e più vissuti.

Qualsiasi argomento, dal rapporto con scuola all'educazione dei figli, dal numero dei figli da concepire al tempo da dedicare alla cura del corpo ed al modo per esibirlo, dal rapporto tra i sessi all'eutanasia, dalla droga alle diete contro il colesterolo (per rimanere solo negli ambiti personali) un po' tutto ci viene già fornito già dibattuto e definito dal dibattito tra veri o presunti opinionisti.

E se non bastasse ci sono i reality e i *forum* con giudici spesso arroganti e giuria, dilagano le rubriche sulla seduzione e i talk con il parterre di esperti che vagliano, sviscerano, sentenziano ed inviano segnali insistenti sul vivere quotidiano, anzi, diremmo meglio, su *la vita in diretta*.

Non possiamo evitare di chiederci se questo grande schema non abbia sottratto qualcosa di importante e di cui non avremmo dovuto e potuto fare a meno ossia non ci abbia sottratto la consuetudine del narrarsi o raccontarsi quotidiano tra persone, appunto, sostituendolo con una sorta di immagine di ologramma unificato ed uguale per tutti.

Ogni famiglia, ogni gruppo sociale, ogni realtà ha avuto le sue narrazioni da cui si sono tratti divertimento ed emozioni, insegnamenti ed esperienze, ma anche riflessioni, critiche, analisi, pensieri sul mondo circostante, dibattiti e dialettica tra generazioni; attualmente sembra ci venga invece imposta l'omologazione e la massificazione anche dei sentimenti e prevale una sorta di globalizzazione del sentire e degli affetti comuni.

Le domande, a questo punto, potrebbero esser tante. Ad esempio: le emozioni suscitate dall'ologramma unificato sono ancora umane?

E' ancora possibile un uso *sociale* della narrazione? Posiamo farne a meno?

Narrare non ha mai avuto, di per sé, un costo in danaro, perché dunque trasformarlo in businnes o commercio di pubblicità?

C'è stato un tempo in cui avevamo solo due vestiti, ma eravamo sicuri che il mondo sarebbe cambiato, e che lo avremmo cambiato noi.

E adesso?

11. Un esempio o un'esperienza: raccontare la scuola

Raccontare, e a volte lo si fa in forme ostinatamente autoreferenziali, non è molto difficile; anche per questo motivo chi insegna si dovrebbe chiedere se narrare le proprie pratiche di lavoro, ad esempio, possa servire a trasmettere esperienza o a verificare l'utilità del lavoro. L'utilità del lavoro docente non è si può valutare o computare, come è evidente, solo dal livello di profitto ottenuto dallo studente né dall'efficienza burocratica del registro in ordine o dall'ottenere la memorizzazione di un sapere; l'utilità è invece l'effetto a lungo termine dell'azione docente sulla formazione di giovani cittadini.

Come sappiamo bene la specificità lavoro del docente è tale per cui non c'è un tempo abbastanza lungo per acquisire dati congrui. Per altre professioni è diverso. Un medico vede un paziente guarire o no. Un progettista verificare se il suo lavoro si realizza e se funziona. Lo stesso si può dire di tante professioni, dal cuoco all'astronauta, dall'idraulico all'avvocato e così via.

Un insegnante invece è, azzardo un'immagine, come un scommettitore atemporale, un giocatore speciale. Muove i suoi pezzi secondo le sue strategie o punta la sua giocata su un domani troppo lontano, a volte lontanissimo; sa che non gioca in solitaria e che le scelte diverse, le intersezioni o gli ostacoli e le smentite alle sue azioni ci sono e ci saranno sempre. Solo di rado potrà verificare sapere se la sua scelta è stata quella giusta. Appare dunque così importante conoscere l'esito della partita?

Ma non si tratta solo di questo. Il punto è che l'inquieto scorrere di attimi che segnano ogni ora di lezione non è fine a se stesso, è importante percepirlo e viverlo in una prospettiva che si proietta nel domani molto più che nel presente. Il bravo insegnante è sì un giocatore speciale, ma il vizio del gioco lo assedia ugualmente, e lo assilla come qualunque altro giocatore che attenda l'esito della partita. Difficilmente smette. Quando è finalmente costretto a smettere nella reale quotidianità, continua tuttavia nella sua fantastica simulazione e sovente si interroga su quegli inquieti momenti di vita trascorsa con i suoi ragazzi.

Raccontare tutto questo si può, io stessa ci ho provato.
Ma quello che ho scritto non è risultato un documento,
assomiglia piuttosto a una serie di istantanee, a una
serie di ferma-immagini; fare scuola invece è elettricità,
è fluire, è connettersi, è dinamica del crescere insieme a
loro.

Non saprei dire se questo basti a prefigurare una
conclusione. Ne parlo per ammettere che nulla di
quanto si vive si può davvero raccontare, ma lo si riesce
dire ad anime sensibili e recettive.

Le anime infatti, loro sì, le cose se le *dicono*.

Le anime si parlano
mentre cuciono lembi
di una veste appassita
Le anime si parlano
disegnando figure
di parole inespresse
da punte delle dita.

Quel suono incuriosisce
altre anime passanti
si fermano e ricordano
intrecciando dei nastri

discorsi e sensazioni
o solo analogie,
somiglianze sottili.

Le anime si parlano:
vibrazioni di suoni
orchestre dimezzate
sedute anche ai balconi
d'un paese vicino
e forse parallelo
a questo in altro cielo.

Le anime accarezzano
e non sfiorano il velo.
Silenzio, nella notte
un'anima sorride
luminosa sembianza
di corpo trasparente
o forse solo sogno
da bimbo,
che non mente.

12. Modeste istruzioni per ritrovare il piacere di scrivere

I blog hanno avuto almeno il merito di aver dato impulso alla scrittura. Sarebbe interessante e probabilmente utile che le persone che scrivono diventassero sempre di più. Scrivere è comunicare, è non lasciar cadere nel vuoto e perdere le nostre parole. Da narratrice artigiana, forse lunatica, ma appassionata, ostinata direi che chi si accinge a narrare può incontrare alcuni particolari momenti di difficoltà e provo ad elencarne qualcuno per vedere se sia possibile aiutare a risolverli:

A) *non c'è solo un modo di narrare* ragion per cui (e qui mi permetto, impunemente, spero, di dissentire da tanto strutturalismo) immaginare schemi, strutture, modelli a cui adeguarsi a volte non solo non facilita, ma impedisce la narrazione

B) *per narrare è importante prima ascoltarsi* (se non ci ascoltiamo noi come possiamo immaginare l'ascolto di altri?)

C) *per riuscire a narrare è bello* (e uso volutamente questo aggettivo) *immaginare un interlocutore;* possiamo

scegliere un interlocutore da convincere, o con cui
condividere perché già sappiamo di essere in sintonia,
da sorprendere, da far sorridere, commuovere o altro.

D) *se qualcuno esita a narrare ha certamente i suoi buoni
motivi*; uno di questi è, che ci piaccia o no, la scuola che
ci ha condizionato mettendo tanti, troppi paletti quando
abbiamo iniziato a comporre i primi pensieri e i temi;
questo è un motivo di più per contestare il
condizionamento del nostro passato. Se ci accorgiamo
che questo è un motivo di scontentezza allora
ribelliamoci perché scrivere può essere bello, lasciamo
da parte tutto ciò che ci pesa: (fossero pure ortografia,
sintassi nonché tutte le cose che possiamo sistemare in
un secondo momento).

E) *Partiamo leggeri* e senza altro bagaglio delle parole.

F) *Non esiste una scrittura che nasca perfetta.* C'è tempo
per il lavoro di lima che non dovrà mai esser tralasciato.

G) Gli attuali narratori di successo sono super-assistiti e
tutorati da editor professionisti; *chi vuole considerarsi
narratore non dovrebbe pensare subito al successo editoriale
in libreria*, ma potrebbe scrivere, eventualmente auto
pubblicarsi, creare e-book: il tempo potrebbe riservargli
piacevoli sorprese: scriviamo, perciò a modo nostro, ma
con passione e se possibile con divertimento.

13 Narrare per vivere

Ad esempio
Un po' di autobiografia.

A volte stanchezza, fatica quotidiana, pressione degli avvenimenti, delle persone, dell'imprevisto prevalgono. Allora le palpebre ti si chiudono, il sonno incombe.

Rispondi a quel richiamo e vai a dormire; ma proprio in quel momento il sonno dilegua e per te inizia una notte estranea in cui cerchi riposo ma trovi solo pensieri insostenibili.

Proprio allora può aprirsi una via di fuga: le parole.

Parole da scegliere, stendere, accostare, riallineare per creare rappresentazioni di significati, per ricostruire immagini e soluzioni, per lasciare che il vento della fiducia allarghi di nuovo le tue vele. Sono parole per parlare. Narrando a se stessi. Narrando a te stesso. Ascoltandosi, parlando con l'anima.

Scrivere è una sfida. Lo è ancora di più quando, come accade su web, si scrive e si pubblica velocemente, spesso senza filtrare e rileggere, e si esibiscono a possibili lettori anche completamente sconosciuti, i nostri pensieri e parole.

Il gioco delle parole può essere, tuttavia, uno dei più belli del mondo, specialmente quando non ci prendiamo troppo sul serio. Come fa un gatto che si finge indifferente, ma non lo è. Mai.

E anche quando è teso a cogliere la preda, non rinuncia a giocare.

Scrivere è una sfida
imprudente e perduta,
scrivere è una ricerca
distratta, ma ostinata,
scrivere è un'intenzione
presuntuosa e nativa
di trovare se stessi
in verbi ed aggettivi
consumati dal tempo
indifferenti all'uso.

Si lasciano trovare
pronomi, avverbi e accenti
si lasciano accorciare
ed anche reinventare.

Sono solo parole
che l'uso un po' ravviva
non sono cosa viva
son cose d'un momento
ma giocano alla vita.

Le storie, come dicono molti scrittori, ti vengono a cercare. Le trovi per strada, in casa ed anche tra le righe di un dialogo nella vita.
Non perdiamole, scriviamole.

FINE

Notizie bio-bibliografiche

Maria Serena Peterlin (Bologna 1947) vive a Roma

Ha scelto di diffondere i suoi scritti da autrice indipendente con l'autopubblicazione e ha pubblicato su blog, su web (scribd, issue) e presso *Lulu.com* in edizione tradizionale ed in ebook alcune opere di narrativa e poesia tra le quali:

La (mia) classe non è doc – diario e note di una prof di lettere

I miei Lucignoli – Racconti di scuola e fantascuola

Frammenti Materni – Prose e poesie sulla figura materna

Vita da telespettatori disperati Scherzi e battute sulla politica

I pensieri delle parole (poesie)

Dopo la laurea in lettere ha collaborato con il prof. Giorgio Petrocchi come borsista approfondendo le sue ricerche sul Decadentismo e Giovanni Pascoli dedicandosi allo studio delle varianti nella composizione dei Primi Poemetti e dei Nuovi Poemetti. In questo stesso periodo ha conseguito l'Abilitazione all'Insegnamento e vinto un Concorso a Cattedre per la Scuola Media Superiore ed optato per l'insegnamento a cui si è dedicata per molti anni. Ha organizzato corsi di aggiornamento sulle strutture narrative e sulla didattica dell'Italiano. Ha seguito corsi di informatica. Nella scuola ha ricoperto vari incarichi legati alla professione docente. Attualmente scrive, anche su web, per raccontare, ricordare e per esprimere riflessioni. I suoi interessi sono particolarmente rivolti alla comune condizione umana, anche quella raccontata dalla letteratura, alla costruzione di un pensiero nuovo e diverso, fondato su radici antiche, che riconosca uguaglianza e giustizia a tutti. È presente in rete con numerosi blog, su twitter, su youtube, su scribd e su face Book dove partecipa a numerosi gruppi di discussione. Partecipa al Network di insegnanti "La scuola che funziona" coordinato da Gianni Marconato

Maria Serena Peterlin su web:

Info e contatti serena.peterlin@gmail.com

I principali BLOG dell'Autrice (gli altri sono raggiungibili dai link presenti in quelli indicati)

Notecellulari di Mariaserena Peterlin

Attualità, educazione, opinioni, letteratura, problematiche giovanili

http://notecellulari.wordpress.com/

NOTECELLULARI di scuola e non scuola

Educazione, Apprendimento, La nostra scuola oggi e domani, Comunicazione, Linguaggi, Diversità

http://notesolocellulari.blogspot.it/

SCRIVERE PER RACCONTARE

Blog di scrittura narrativa e per immagini

http://Raccontarescrivendo.splinder.com

PENSIERI COMUNICANTI (Blog-notes)

Pensieri seminati in rete - di Maria Serena Peterlin

http://pensiericomunicanti.blogspot.it/

PETRITOLI (Roccapetrina) paese in collina,ai piedi dei Sibillini

dalla casa in collina di Maria Serena Peterlin e Giuseppe Ricci

http://petritoli.blogspot.it/

profilo su fB:

http://www.facebook.com/mariaserena.peterlin?v=feed

pubblica su web e presso Lulu - http://www.lulu.com/it

INDICE

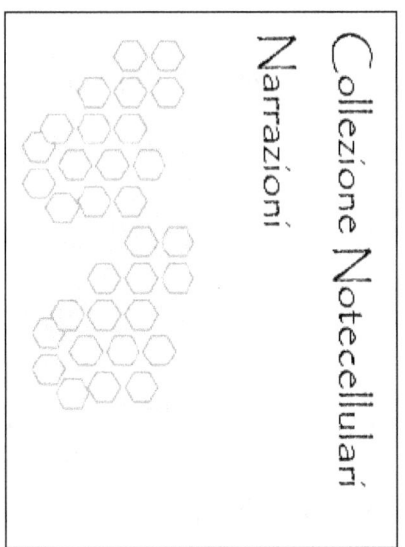

Finito di comporre in
auto edizione indipendente
di Maria Serena Peterlin
Notecellulari
a Roma, il 23 Gennaio 2013

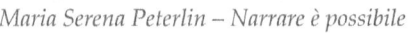